Léon Robichaud

Avec Amour

Léon Robichaud

Avec Amour

Je parlerai à ton cœur

Éditions Croix du Salut

Imprint
Any brand names and product names mentioned in this book are subject to trademark, brand or patent protection and are trademarks or registered trademarks of their respective holders. The use of brand names, product names, common names, trade names, product descriptions etc. even without a particular marking in this work is in no way to be construed to mean that such names may be regarded as unrestricted in respect of trademark and brand protection legislation and could thus be used by anyone.

Cover image: www.ingimage.com

Publisher:
Éditions Croix du Salut
is a trademark of
Dodo Books Indian Ocean Ltd. and OmniScriptum S.R.L publishing group

120 High Road, East Finchley, London, N2 9ED, United Kingdom
Str. Armeneasca 28/1, office 1, Chisinau MD-2012, Republic of Moldova, Europe
Managing Directors: Ieva Konstantinova, Victoria Ursu
info@omniscriptum.com

Printed at: see last page
ISBN: 978-620-6-17136-2

Avec Amour

Je parlerai à ton cœur

Dieu

Un regard sur Dieu.

Le but de cet ouvrage, c'est de trouver la lumière qui sera présente à mon dernier souffle.

Le temps qu'il me reste à vivre est plus important que toutes les années passées.

Il n'y a qu'un seul Être vide de soi, totalement dépouillé et don total; Dieu est un être supérieur à l'homme et dont les attributs dans l'univers sont variables selon les religions.

Pour moi, Léon, Dieu c'est la rencontre que l'on fait à l'intérieur de soi. Il n'y a qu'un Temple dans l'univers, ce temple, c'est le corps humain. Rien n'est plus sacré que le corps humain. Quand nous posons la main sur un corps humain, nous touchons le ciel.

Préface

Écrire la préface d'un livre de mon frère, Léon, c'est toute une aventure littéraire pour moi, sa petite sœur, Laura.

En m'inspirant de Marc 1,35, je vous laisse avec un auteur bien connu: "Le matin, bien avant le jour, il se leva, sortit, s'en alla dans un lieu désert, et là il priait."

LA CLÉ DU MATIN ET LE VERROU DU SOIR

« Je ne suis pas un homme de lettres ou de science. J'essaie simplement d'être un homme de prière. C'est la prière qui a sauvé ma vie. Sans la prière, j'aurais perdu la raison. Si je n'ai pas perdu la paix de l'âme malgré toutes les épreuves, c'est que cette paix vient de la prière. On peut vivre quelques jours sans manger, mais non sans prier.

La prière est la clé du matin et le verrou du soir.

La prière, c'est une alliance sacrée entre Dieu et les hommes. »

GHANDI

Il y aura certainement du vrai, dans mes écrits, vous lirez des choses qui s'avéreront véritables et d'autre non.

Cependant, c'est dans nos relations que l'on trouve les plus grandes choses satisfaisantes dans nos vies.

Ce n'est pas ce qu'on a qui fait notre bonheur, ce sont les choses qu'on apprécie.

Le cœur n'est pas au centre, mais à gauche, c'est pour cela que je ne cherche pas toujours à avoir raison.

À 90 ans, je ne pense pas être parfait, mais il a en moi des parties qui sont excellentes. Dieu merci!

Notre monde occidental, il ne considère que le visible, le palpable, en oubliant l'invisible, le spirituel qui est à la base de la vie de tous les vivants.

J'ai lu, il y a quelque temps, une réflexion d'Emma Hooper; elle mentionnait qu'au début du christianisme la foi se transmettait de pauvres à pauvres. En plus, la question de Dieu ne suscitait pas la peur et demandait aucun sacrifice, parce que Jésus très affilié à la sphère divine, s'était offert en sacrifice pour notre salut.

Quand et comment est née la peur de Dieu?

En 1964, j'arrive dans un pays très pauvre, l'Équateur, en

Amérique du Sud, comme missionnaire volontaire et dans un esprit d'aventure. Mon désir était de les accompagner.

Dans mes études préparatoires à Boston, U.S.A. et à l'école des langues au Pérou, on ne m'a jamais dit que ces gens avaient quelques choses à m'apprendre. J'étais envoyé pour leur apprendre les sciences de la religion selon notre culture, que tout était péché et que Dieu était intransigeant. Il n'aimait que les gens qui lui désobéissaient, qui ne suivaient pas la règle du petit catéchisme et les commandements en oubliant les Béatitudes.

Au lieu de les écouter, je me suis mis à leur enseigner, ce qui pour moi était la vérité divine.

Après quelques mois d'un travail ardu, la déprime s'est installée.

Alors, je me suis mis à les écouter. J'ai découvert que Dieu est un secret et que chaque culture le découvre de façon unique.

Chacun a sa conception de Dieu.

De retour au Canada, je m'installe à Trois-Rivières, à la maison des prêtres Voluntas Dei, un institut séculier fondé par le Père Parent, O.M.I. dont je suis devenu membre et supérieur par la suite.

J'étais bouleversé, chamboulé de voir la façon dont le ministère pastoral était administré. On avait l'autorité absolue sur les consciences des paroissiens et tout était en fonction du péché, rarement de la grâce divine.

Je me sentais incapable de demeurer dans une telle Église.

Une amie m'a fait comprendre que si l'on veut transformer une organisation ce n'est pas en la quittant qu'on y arrive.

Je me suis rendu à Valleyfield, consulter une sœur contemplative au monastère des Sœurs Clarisses.

Une autre vision de l'Église s'est manifestée: "Aimez-vous les uns les autres comme je vous ai aimé", avait dit Jésus, Fils de Dieu.

Pour voir plus clair, j'ai décidé de lire la Bible, de la première page à la dernière, avec un esprit ouvert.

Le visage de Dieu présenté dans le Nouveau Testament est bien différent de celui de l'Ancien Testament. (Genèse, 2 et 3).

Je me suis mis à réfléchir sur la meilleure façon de jeter un regard sur les choses divines.

J'ai regardé Dieu à travers l'œil de Jésus, Fils de Dieu.

Le Dieu que Jésus nous présente, c'est un Dieu dépouillé, immatériel, Il ne peut rien perdre car il ne possède rien d'autre que l'Amour. Tout ce qui n'est pas amour, n'est pas Dieu.

Dieu ne peut qu'entretenir des rapports d'amour avec sa

création, avec nous, comme nous avec Lui.

Dans Jean 4,14, le dialogue de Jésus avec la Samaritaine, on peut comprendre, que Dieu en nous, Il est source d'amour éternel. Un amour qui se prolonge hors du temporel.

Dans un verset magnifique Saint Augustin témoigne de son expérience d'avoir passé du dehors au dedans de lui.

"Tard je t'ai aimée Beauté si antique et si nouvelle, tu étais dedans et moi j'étais dehors, je n'étais pas avec toi."

Dieu s'exprime dans un homme, Jésus, pour que nous devenions comme Lui, don total, dépouillé de notre égoïsme, capable d'entretenir des rapports d'amour.

Devenir comme Dieu, c'est sans doute ce que ressentit Paul Claudel, le jour de Noël 1886, lorsqu'il entra à la Basilique Notre-Dame de Paris pour faire taire son ennui.

En entendant chanter les antiennes des secondes vêpres, il découvrit "l'éternelle enfance et l'innocence déchirante de Dieu."

Dans son discours d'installation, le Président John F. Kennedy disait: *"L'œuvre de Dieu ne passe pas nos mains."*

En juillet 1963, j'arrive à Boston pour un stage d'études. Je suis en lien avec la Saint James Society, avec laquelle en mars 1964, je partirai pour l'Amérique du Sud.

Le 9 août, par grâce et surprise, j'assiste aux funérailles du fils né prématurément de M. et Mme John F. Kennedy, Président des États-Unis. Une Aventure pleine d'émotions et d'interrogations.

Les funérailles ont eu lieu dans la chapelle privée du cardinal Cushing archevêque de Boston.

La question primordiale dans le débat douloureux sur l'existence de Dieu ou sur sa non-existence, c'est de quel Dieu nous croyons? Et de quel Dieu nous ne croyons pas? De quel Dieu nous parlons?

Dieu est-il une invention des hommes ou une révélation?

Aussi loin qu'on remonte dans l'histoire humaine, il a toujours été question de Dieu, ou d'un créateur de l'univers.

Le problème, même chez les catholiques croyants, le Dieu de la révélation n'est pas connu ou mal connu, donc pas aimé.

Pour aimer, il faut connaître, "co-naître."

Comment se fait-il, qu'après 2000 ans, le christianisme n'a pas pu établir la paix universelle et la fraternité dans le monde?

Si Dieu est Dieu, Il en a les pouvoirs.

Si Dieu est le Créateur du temporel, pourquoi ne peut-il pas bâtir la paix et la fraternité dans sa création?

Le mal qui s'affirme dans tant d'individues, de familles et de peuples, dans les larmes et le sang, tire-t-il son origine d'un refus d'aimer?

On ne peut pas aimer, si on ne connaît pas. Il faut co-naître pour aimer.

La clé pour aimer c'est la connaissance.

Le Dieu, révélé en Jésus, c'est un Dieu intérieur à nous-même.

Si l'on ne descend pas à l'intérieur de nous, c'est impossible de prendre connaissance, de sentir la présence de Dieu. La seule présence de Dieu, c'est une présence d'amour.

Dieu c'est une présence d'amour comme le soleil est une présence de lumière et de chaleur.

Plus précisément, Dieu c'est une rencontre que l'on fait à l'intérieur de soi.

Je me penche sur Dieu, selon la foi que j'en ai, avec les images de Dieu qui ont jalonnées ma vie de croyant.

Les heures, les jours et les mois à réfléchir, à lire, sur la vie, la maladie et la mort, dans ma chambre, j'en suis arrivé à écrire mes deux derniers livres. "Naître pour mourir" et le dernier "Le besoin d'être aimé et de comprendre", publié le 15 août 2024. Ils m'ont laissé avec plus de questions que de réponses.

Quand j'emploie le mot univers, ça se résume au système solaire. Le soleil qui aurait 3 milliards d'années, la terre, la lune, les étoiles et tous les astres observables. Tout passe dans le temps, sauf Dieu. Le temps c'est la mesure du mouvement. Hors du Temps, il y a la création intemporelle, immatérielle; pour la traverser la lumière prendra des mille, milliards d'années. La vitesse de la lumière est de; 299 792 458 km/s.

Le temporel qu'on appelle l'univers est né d'un big bang, c'est-à-dire comme toutes les autres planètes, d'un déroulement naturel comme tous les êtres de la terre.

Une graine de tomate produit des tomates, une graine de pomme, un pommier. Deux graines humaines, sperme et ovule produisent un humain.

Je suis né le 24 mai 1935, de processus naturel, d'un big bang entre sperme et ovule de mes parents.

Ovule : cellule femelle à être fécondée.

Sperme : liquides émis par les glandes reproductrices mâles, contenant les spermatozoïdes, gamète mâle de l'homme qui peut féconder l'ovule.

L'univers temporel ou le monde ou vivent les vivants, ce monde tel que je le vois, actuellement, je le décris avec la fameuse exclamation de Pascal: *"Quelle chimère est-ce, quel monstre, quel sujet de contradictions, quel chaos, imbécile ver de terre, rebus de l'univers."*

Ce monde avec sa violence, ses guerres, il a suivi le processus naturel, comme naissent les étoiles et comme je suis né d'un homme et d'une femme.

Big Bang, c'est en 1922 qu'on affirmait que le temporel - univers- tout ce qui tourne autour du soleil est né d'un big bang, d'une sorte d'explosion semblable à ma naissance.

Qu'est-ce qu'il y avait avant le big bang? Rien ne naît du néant. Le néant c'est une absence d'existence. Selon la foi des religions monothéistes avant le temporel il y avait une puissance supérieure éternelle, depuis toujours. Cette puissance, on lui donne le nom de créateur. La science nous confirme que rien ne peut naître du néant ou du vide.

Moi, je ne suis pas né du néant, je suis né d'une présence avant moi, homme et femme.

Derrière un chef-d'œuvre, il y a un auteur, une source, une origine, peu importe le nom qu'on lui donne. Le Dieu de Jésus, ce Dieu, Il n'est qu'Amour dépouillé de tout qui ne peut qu'avoir rapport d'amour, aurait-il pu créer ce monde dans un tel désordre? Cette création présente m'interroge?

Dieu, c'est l'être le plus pauvre comme personne ne peut l'être.

Dieu, c'est le dépouillement total, comme l'exprime le mystère de la trinité. Dieu ne peut rien perdre car il n'a rien, Il n'a que l'Amour. Dieu c'est le seul être qui existe en forme de don total et des rapports d'amour avec l'autre, avec nous.

Le mystère de la Trinité s'exprime de la façon suivante: Le Père n'est qu'un regard vers le Fils, don total au Fils. Le Fils n'est qu'un regard vers le Père. L'Esprit Saint c'est une respiration d'amour vers le Père et le Fils.

La foi, elle part d'un témoignage. On croit à partir d'un témoignage non d'une vérité scientifique. Le témoignage peut être vérité ou mensonge. Que de choses on peut proclamer au nom de ses croyances, de sa foi et même de Dieu. Dieu selon la conception qu'on a de lui.

C'est au nom de Jésus que la paroisse existait et elle transmettait le message de Jésus; "Aimez-vous les uns les autres comme je vous ai aimés".

Comment on en était rendu à juger une femme qui mettait au monde un enfant hors mariage? Ce qu'on proclamait en paroles, ça n'existait pas en pratique?

J'observais avec mes préjugés et mes connaissances très limitées.

Les hommes ordonnés prêtres étaient hors de tout soupçon. Ce qui faisait que les agresseurs étaient peu connus; s'ils étaient connus, le secret les protégeait, ce qui permettait aux agresseurs prêtres de le demeurer.

Les religions monothéistes comme le catholicisme, je suis catholique, c'est même un dogme de foi, quand le corps d'une personne meurt, son âme se retire et s'envole vers le ciel, sans aucune preuve scientifique, à partir d'un témoignage seulement.

C'est la science qui démontra que la terre tourne autour du soleil. Quand la foi déclare que l'âme se retire du corps, à la suite de la mort d'une personne qu'elle preuve avons-nous? C'est un témoignage de foi.

Quand je dis, je crois, je ne possède pas la vérité. Croire peut-être vrai à un certain moment. Je crois que Diane, épouse d'Adalbert, est ma mère. Pour moi, le témoignage suffit, je n'ai pas besoin de preuve scientifique. Quand on affirme que l'âme d'une personne ne meurt pas avec son corps, c'est une question de foi, on en a aucune preuve scientifique. Même si je me dis être un croyant, je me pose bien des questions sur la vie et la mort.

Je crois toujours que Diane et Adalbert sont mes parents et que j'ai été baptisé 24 heures après ma naissance.

La foi peut aussi être ou devenir un grand support, et parfois la cause d'un désastre.

Une de mes tantes s'est mariée à l'église avec un homme qu'elle croyait célibataire. Mais non! Il avait déjà femme et enfants dans son premier mariage. Il faisait vie conjugale avec ses 2 femmes.

Au mariage de tante Alice, c'était avec un Leclair. Au premier mariage M. Leclair avait son père et 2 témoins. Au 2e mariage, celui avec tante Alice, les témoins étaient les mêmes ainsi que le curé.

À la mort du mari de tante Alice, Les 2 femmes se sont retrouvées près de la tombe. Elles étaient mariées avec le même homme.

Je suis le 2e enfant d'une famille qui allait compter 14 enfants.

Les deux dernières, des jumelles sont mortes à la naissance.

Je rêvais d'aller au collège comme plusieurs de mes amis. Étant donné la situation financière de ma famille, ça me paraissait impossible. Me voyant un peu bouleversé, maman me dit de me fier à la Providence. J'ai cru maman sans savoir ce qu'était la Providence. J'étais certain que la Providence allait m'accompagner.

Je n'ai jamais mis la parole de maman en doute. La parole de maman était chose sacrée pour moi. J'étais certain d'arriver à bon port, ce qui s'est produit. J'ai pu faire une dizaine d'années d'études universitaires, à plein temps, à distance, en présence, à temps partiel, seul ou avec d'autres. J'avançais avec foi et courage, même sans argent. J'avais la certitude de réaliser mon rêve. J'ai vécu l'esprit ouvert comme le disent les A.A.

Dans mon catéchisme à l'école, pour la première communion, on me disait que Dieu avait 3 royaumes: <u>le ciel</u>, <u>le purgatoire</u> et <u>l'enfer</u>.

Quand j'ai compris que Dieu est Amour, j'ai compris que Dieu n'a qu'un Royaume, l'Amour. Tout ce qui n'est pas amour n'est pas Dieu. Le royaume de Dieu n'est qu'Amour.

Une question déchirante; l'enfer existe-il? L'enfer existe dans les livres et les religions, pas en Dieu. Comme Dieu est amour, l'enfer ne peut pas exister en Dieu l'Éternel.

S'il y a un enfer c'est le manque d'amour, <u>l'enfer</u>, <u>c'est le refus d'aimer</u>. Cet enfer, ce refus d'aimer le monde en est plein et ça m'attriste, ça me chamboule. Je doute que ce monde, tel que je le vois fut créé d'un acte d'amour, directement. Il s'est créé comme moi, d'un processus naturel.

Je suis né d'un processus naturel, comme tous les êtres vivants!

Vous plantez une graine de tomate et vous récolterez des tomates, etc...

Dieu c'est la rencontre que je fais à l'intérieur de soi.

Le Dieu auquel je crois, son Royaume est en chacun de nous. C'est une sorte de lumière-amour qui cherche à harmoniser le monde, l'univers.

Selon les écritures bibliques Dieu envoie son Fils Jésus prendre un corps humain pour donner lumière à notre monde vivant dans les ténèbres.

La lumière n'a pas été reçue. Le monde est encore dans les ténèbres, dans la noirceur de la violence et de la guerre. Pourquoi?

Pour accueillir la lumière, nous devons passer du dehors (ténèbres) au-dedans de nous (lumière). En demeurant au-dehors de soi, il n'y a que le visible, le palpable et la dimension matérielle. Le monde actuel vit du dehors, du visible et des apparences. Seuls l'invisible et le spirituel sont à la base vie harmonieuse. Seul un esprit paisible peut engendrer la paix.

"Chaque grande difficulté porte en elle sa propre solution. Elle nous oblige à changer notre façon de penser, afin de la trouver."
(Niels Bohr)

"Seul l'arbre qui a subi les assauts du vent est vraiment vigoureux, car c'est dans cette lutte que les racines, mises à l'épreuve, se fortifient."
(Sénèque)

"Parfois lâcher prise est un acte plus puissant que se défendre ou s'accrocher."
(Eckhart Tolle)

Dans un verset magnifique Saint Augustin témoigne d'avoir passé du dehors au dedans de lui: *"Tard je t'ai aimée Beauté si antique et si nouvelle, et pourtant tu étais au-dedans de moi et moi, je te cherchais dehors. Tu étais avec moi et moi, je n'étais pas avec toi."*

Dieu est au-dedans de nous, comme notre cœur est à l'intérieur de nous.

Pour trouver Dieu, il faut descendre en nous, là où il est, comme le cœur en nous. C'est pourquoi je dis, la rencontre, on le fait à l'intérieur de soi.

Jésus qu'on dit Fils de Dieu, c'est l'homme le plus ajusté à la sphère divine.

L'image de Jésus nous donne de Dieu, elle est bien différente de l'image de Dieu de l'Ancien testament.

L'image que les humains se faisaient de Dieu, elle s'est transformée avec le temps.

Si vous lisez les onze premiers livrets de la bible, vous verrez qu'on nous présente Dieu sous un visage tronqué, effrayant, qui donne l'effroi, frayeur.

Au catéchisme, on nous parlait d'un Dieu menaçant, la moindre petite faute nous menait à l'enfer.

Le mystère de la Trinité nous illumine; il exprime Dieu de la façon suivante:

Le père n'est qu'un regard vers le Fils, Le Fils n'est qu'un regard vers le Père, l'Esprit Saint n'est qu'une respiration d'Amour vers le Père et le Fils.

(Dieu c'est l'Être qui n'est qu'un Don.)

Après bien des réflexions des moments de silence et de lectures, voici l'image que j'ai reçue de Dieu:

Dieu qui est la vie de nos vies, cet être immatériel, dépouillé de tout et ne peut rien perdre car il ne possède rien d'autre que l'amour; Il est don total; Il est intérieur à nous comme le mentionne Saint Augustin.

Pour Paul Claudel, sa découverte à Notre Dame de Paris, il

l'exprime ainsi: *"l'éternel enfance et l'innocence déchirante de Dieu"*.

Selon Jésus, Dieu est une présence libératrice et intérieur à nous. Qui peut connaître Dieu mieux que Jésus?

Comme Jésus, aimons sans pression, librement, dans un respect total de la liberté de la personne qu'on dit être amoureux. Le travail que nous devons tous faire c'est faire de l'amour un chemin de libération et d'amitié et que notre amour soit oblatif, non possessif.

Pour Maurice Zundel, la vie intime de chaque individu, c'est dans le silence qu'elle trouve sa liberté, ce qui fait de nous des êtres libérés et libérateurs.

Comme Dieu, nous sommes appelés à devenir transparents, libres, pacifiques, joyeux et généreux.

Présentement, à cause des circonstances et des conflits de générations et de religions, les humains sont un problème pour eux-mêmes. Leur âme est endormie et triste.

Selon Aristote, chaque humain est un animal doué de raison.

De son côté animal, la personne est un faisceau d'impulsions, tendu vers sa conservation avec le besoin d'être, de posséder, d'être satisfait, avec un grand désir de se faire plaisir.

Parfois, la partie animale de la personne, elle cherche à blesser, à détruire, pour satisfaire ses besoins. La personne qui demeure dans sa partie animale, elle est enfermée dans ses instincts, ses impulsions, elle est menée par des forces obscures, c'est-à-dire, que la personne demeure un problème pour elle-même.

Pour sortir de sa partie animale nous devons passer du dehors au dedans de nous.

Quand on arrive à l'intérieur de soi, on commence à sentir qu'on est en train de naître à soi, on devient présence, valeur, lumière, amour, et rayonnement. Le silence, la méditation, la prière, la musique, le chant, la marche, ce sont des chemins qui nous aident à passer du dehors au dedans de soi.

Verlaine n'était qu'un ivrogne et un débauché. Il fut condamné à a prison. Dans sa solitude et son silence il entendit sa petite voix intérieure dont parle Gandhi et il découvrit son âme qui lui a inspirée une pensée très touchante:

"Allez, rien n'est meilleur à l'âme que de faire une âme moins triste."

C'est dans le silence qu'on peut entendre notre petite voix intérieure et trouver notre âme, à la façon de Verlaine et de Paul Claudel.

Pour trouver son âme, il faut que nous vivions selon l'esprit divin qui nous habite. Surtout selon l'esprit de Saint Augustin:

"Tard je t'ai aimée Beauté si antique et si nouvelle, tu étais dedans, moi je te cherchais dehors, dans les choses palpables, visibles et matérielles."

La vie après la mort

Un vieux prêtre demande à Maurice Zundel s'il pense qu'il y a vraiment une vie après la mort?

Votre question sur la vie après la mort, elle est mal posée, lui dit Maurice Zundel. Zundel lui répond: La question n'est pas de savoir s'il y a une vie après la mort, la question fondamentale est de savoir si l'on est vivant avant de mourir.

Zundel constate que beaucoup de gens subissent leur vie, se laissent étouffer par les évènements extérieurs et qui perturbent leur vie intérieure.

Il faut toujours faire en sorte que les évènements extérieurs à nous, une parole désobligeante, un geste maladroit, un manque de reconnaissance ne viennent pas nous faire perdre notre paix intérieure.

Pour se faire, toujours développer la vertu de l'apaisement. Surtout éviter le problème de l'affolement pour vivre la vertu de l'apaisement.

En écrivant mon livre, "Naître pour mourir", j'en suis arrivé à une définition simple de la vie: La vie c'est la fonction simple d'un organe.

Lorsque l'organe cesse de fonctionner, l'arrêt du cœur par

exemple, c'est la mort. On ne voit pas la vie, ce que l'on voit c'est l'expression de la vie.

Quand un enfant court, on ne voit pas sa vie, on voit la fonction de sa vie.

Quand on regarde une personne morte, ce que l'on voit c'est le cadavre, non la personne.

Le divin est en nous plus intime à nous qu'à nous même.

Trop préoccupés que l'on est pour des choses matérielles, on ne sent pas la présence divine.

Le Dieu auquel je crois et que j'essaie de définir, c'est un Dieu Amour qui a établi son royaume en nous. Vous êtes les temples du Saint-Esprit, disent les écritures.

Victor Hugo a les mots justes:

"Le suprême bonheur dans la vie, c'est sentir qu'on est aimé et qu'on peut aimer à notre tour."

Dieu m'aime tel que je suis, ce qui ne nous était pas enseigné durant mon enfance. Le Dieu de mon enfance, j'en avais peur, Il n'aimait que les parfaits.

Le bonheur n'est pas un dû, me disait quelqu'un, c'est un travail à faire.

Présentement, dans ma méditation, je privilégie la vertu d'être heureux, un bonheur lié aux difficultés de la vie.

Pour être heureux, il faut sacrifier les inquiétudes et les évènements extérieurs qui peuvent troubler notre paix intérieure. C'est un sacrifice difficile à faire.

Une vertu qui conserve notre bonheur, c'est la vertu de l'apaisement. Pratiquer l'apaisement pour éviter l'affolement.

J'ai commencé à être "question" très jeune. La seule parole que je n'ai pas questionnée fut celle de ma mère,

Les doutes m'habitaient. Je me demandais si mon père était vraiment mon père. J'ai eu la confirmation de maman.

Je m'interrogeais sur ce que j'entendais à l'église sur la vie, la mort, sur la vie après la mort, sur le ciel, le purgatoire et l'enfer. Il y avait aussi les limbes, le séjour de félicité des enfants morts sans baptême. Un séjour que l'Église a abrogé. J'espère toujours que l'Église va abroger le purgatoire et l'enfer. Est-ce trop demander?

Ce sont des expressions créées par les Saintes Écritures de l'Église, et de la religion.

Les mots baptême, limbes, enfer, purgatoire, ciel ça existe dans la religion et les écritures, ça n'existe pas sur le soleil ou les étoiles ou sur mars. Non !!

Toutes les expressions traduites en mots, en église, ça existe dans le temporel, ça n'existe pas hors du temporel. Si ça existe hors temporel, qu'on m'en fasse la preuve. Je peux dire que je suis un ange sans la démonstration scientifique, personne ne va le croire.

Dieu, j'y crois, parce que c'est une rencontre que je fais à l'intérieur de moi.

Dieu, c'est la rencontre suprême que l'on fait en soi, un peu comme l'amour, l'amour, c'est ce qui se passe en soi, pas sur la lune,

En 1939, j'avais 4 ans! J'ai vécu mon premier deuil conscient. J'ai un petit chien comme compagnon, Pitou. En novembre 1939, en promenant mon petit chien, il s'approche d'un cheval qui l'écrase avec ses pattes et il meurt.

Ce fut tragique pour moi, je fais la première expérience de la mort. Ce qui arrive à Pitou, peut donc nous arriver. J'ai 4 ans et 6 mois, je prends conscience que la vie est un combat et que nous, les enfants, sommes fragiles.

J'ai vécu beaucoup d'anxiété sans en connaître le nom.

L'anxiété est une inquiétude née de l'incertitude d'une situation, d'appréhension d'un évènement dira le dictionnaire. État émotionnel de tension nerveuse et souvent chronique.

J'étais adulte depuis longtemps lorsque j'ai compris que mon anxiété née de la mort de mon petit chien, était chronique. J'ai suivi des thérapies, la psychanalyse, etc...

En réfléchissant, ce fut avant l'incident de mon petit chien, ce fut la maladie de papa, l'alcoolisme, inconnue en ce temps-là. Ce qui est arrivé à mon petit Pitou, pouvait arriver à mes parents, à mon père d'abord.

Je prends conscience que la vie est un combat et que nous sommes fragiles. Je pensais qu'il fallait devenir un adulte pour devenir sans peur, heureux et je n'ai que 5 ans.

Je réalise que les adultes que je rencontrais n'étaient pas nécessairement heureux.

Quand je pensais que la vie est un combat et que la mort peut survenir, je n'avais que 5 ans.

Je me considère comme une personne courageuse, ambivalente, c'est-à-dire qui manifeste deux aspects différents, fuir devant les obligations de la vie ou professionnelles. Je suis déterminé et fuyant, déterminé dans l'adversité et souvent, avec le sentiment de fuir les obligations de la vie.

Comme St-Paul, j'ai souvent été à pied sur les routes, avec les dangers des bandits, les dangers de la mer, les dangers du désert, les dangers de l'air.

J'ai connu la fatigue et la peine, le manque de sommeil et de nourriture. J'ai connu le froid, la chaleur et la soif, sans compter la solitude et l'isolement.

Il y a dans la vie des moments où toutes les défenses volent en éclats, la maladie, perte de son emploi, divorce, mort d'un être aimé, etc...

Comme le disait Arthur Schopenhauer né en 1788 en Allemagne: *"Traversant la vie malaisée, j'ai pris la résolution de consacrer les années de vie qui me restent à y réfléchir."* Alors, comme Arthur Schopenhauer, je me suis mis à réfléchir sur la vertu d'apaisement jusqu'à ma mort incluse.

Étant de nature spontanée avec un grand désir de bouger, ça n'a pas toujours été facile de pratiquer la vertu d'apaisement.

Maintenant le corps fragile, j'ai l'âme en paix depuis que je me débarrasse des toxines de ma vie, c'est-à-dire les pensées toxiques, les émotions toxiques, et les rapports toxiques.

Il y a des chaines qui sont en or quand on les voit de loin. Elles sont de plomb quand on les porte et elles sont en fer quand on veut les rompre. (Proverbe)

Dans ma tête d'enfant je voulais demeurer libre avec le désir d'être un guérisseur - tous les malades que je voyais dans mon village, j'aurais aimé les guérir.

Quand j'allais à l'église avec maman, j'entendais le chant suivant: "Je n'ai qu'une âme qu'il faut sauver". Je savais que le médecin pouvait sauver le corps et la seule personne qui pouvait sauver l'âme, c'était le prêtre.

Je cherchais toujours une vocation, un métier qui me laisserait libre. Comment demeurer libre en étant prêtre?

Les prêtres diocésains et les religieux, je ne les voyais pas libres, selon ma conception, ils avaient une sécurité financière, ce qui n'était pas une nécessité pour moi. Je ressemble plutôt au petit chien sans maître, libre et maigre, qu'au petit chien attaché avec une corde et bien alimenté et bien gras, que je voyais. Plutôt maigre et libre que gras et attaché, voilà ma conception.

Les prêtres missionnaires de passage dans mon église paroissiale, je les voyais libres.

J'ai été recruté par un évêque de l'Ouest canadien, Mgr Lissier, fondateur du diocèse de St-Paul, en Alberta. Ça me paraissait être un pays de mission.

Je débute ma formation philosophique et théologique sous sa juridiction au Grand Séminaire de Saint Boniface, affilié à l'université de Montréal.

Au cours de ma première année de théologie, je reçois un petit livret dans lequel le pape recommande de préparer des jeunes prêtres pour évangéliser l'Amérique du Sud. Ça éveille mon esprit d'aventure.

Pour répondre à l'appel du Pape, le cardinal Cushing de Boston, fonde la "Saint James Society the Apostle." pour encadrer et soutenir les prêtres qui partiront pour les missions au Pérou, en Bolivie et en Équateur.

Je m'invente une maladie pour prendre quelques jours de congé. Je prends rendez-vous avec le supérieur de la St-James Society à Boston, je suis présenté au cardinal Cushing, archevêque de Boston. J'ai une surprise, je suis accepté comme séminariste de Boston et le cardinal Cushing devient mon évêque.

Quand je retourne au Séminaire de St-Boniface, je relève, non plus de l'évêque de St-Paul mais de Boston.

L'évêque de St-Paul n'est pas heureux, je dirais mécontent que tout s'est déroulé sans qu'il le sache. Il était même, je dirais, en colère sainte, contre moi. Je le comprenais.

Après 6 années d'études, je terminais un baccalauréat en théologie, avec mention honorifique "cum laude" de l'université d Montréal.

Le 30 juin 1963, je suis ordonné prêtre par Mgr. Camille André LeBlanc évêque de Bathurst, pour l'archevêque de Boston. En mars 1964, j'arrive à Los Sapas en Équateur. J'ai 12 églises à desservir et 50 petites écoles à visiter. Il y a aussi quelques petites prisons. La Jante militaire est au pouvoir.

Tout est contrôlés pas la police militaire, même mon homélie à l'église et notre enseignement religieuse à l'école. Pas facile pour le jeune homme de 28 ans que j'étais. Il en fallait du courage et de la foi.

En 1967, pour cause de problèmes intestinaux, je retourne au Canada, sous la recommandation d'un médecin. Je suis traité à Dalhousie pendant 6 semaines.

Prendre des décisions et oser, cela nous bouscule et nous fait peur, mais finalement, la plus grande peur que l'on puisse avoir, ce sont les regrets de ne pas avoir osé le faire.

Pour vivre heureux, il faut sacrifier la peur. C'est un gros sacrifice à faire.

Persévérer, c'est recommencer souvent. (Proverbe)

J'ai toujours demandé l'aide de la Source divine afin qu'elle m'accompagne dans la voie et la guérison.

Je suis toujours prêtre du diocèse de Boston, le cardinal

Cushing est mon évêque. Je me sens libre au Canada, sans autorité pour gérer mes engagements. Mon autorité est bien loin, elle est à Boston. Là où il y a un besoin pastoral, j'y vais.

Cette vie itinérante ne peut pas durer bien longtemps. Un prêtre itinérant pose question.

Avant mon départ pour l'ouest canadien, j'avais connu un Père Oblat, le père Parent, O.M.I. Il avait fondé un institut séculier nommé "Voluntas Dei."

Je suis allé le rencontrer et je suis devenu membre de son institut, I.V. Dei.

Je suis le premier qui entre chez les Voluntas Dei, déjà ordonné prêtre, tous les autres, ce sont des étudiants membres et qui sont ordonnés prêtres pour le Père Louis-Marie Parent, O.M.I.

On n'a pas d'œuvre à soutenir, on doit se trouver un emploi pour se soutenir et soutenir les œuvres de l'institut Voluntas Dei. Nous sommes installés à Trois-Rivières, non loin des Oblates de Marie Immaculée, une autre œuvre du Père Parent.

Ce sont des femmes consacrées engagées en plein monde et qui ont soutenues la fondation des Voluntas Dei.

Je venais de me trouver une famille ecclésiale qui correspondait à mon tempérament porté à voltiger, flotter au gré du vent, chargé de mener le combat en première ligne.

Je reviens à la chanson: "Je n'ai qu'une âme qu'il faut sauver."

L'Église a toujours affirmée que nous sommes composés d'un corps et d'une âme. C'est l'âme qui anime le corps. Le corps et l'âme sont deux réalités différentes. Quand le corps meurt, l'âme ne meurt pas, elle s'envole vers le Très-Haut, le ciel. On affirme sans aucune preuve scientifique, ce n'est qu'un témoignage basé sur l'Écriture Sainte. C'est une question de foi. Croire en quelqu'un, en quelque chose, ce n'est pas une preuve de la Vérité.

La foi part d'un témoignage. Le corps et l'âme sont présentés comme deux réalités distinctes. Nous sommes uns. Il n'y a qu'un temple dans l'univers, ce temple, c'est le corps humain. Si vous le touchez, vous touchez Dieu. Dieu c'est la rencontre que l'on fait à l'intérieur de son corps, le temple de Dieu.

Pour le grand penseur Maurice Zundel, la connaissance scientifique est très exigeante, car elle est la recherche de la vérité.

Personnellement, entre le témoignage et la science, je préfère la science.

Le témoignage de Jésus est très crédible. Sa mort et sa résurrection en sont des preuves sensibles et rigoureuses.

Jésus, cet homme qu'on dit fils de Dieu, il est profondément affilié à la sphère divine.

Je crois que Dieu ou Beauté, qui n'est qu'Amour, sa demeure est au-dedans de nous, notre corps est le sanctuaire de Dieu, ce Dieu intérieur à nous.

Même si croire n'est pas l'affirmation de la vérité, pour bien vivre, il faut croire à quelque chose, à quelqu'un.

Croire peut nous conduire à la radicalisation, et à des engagements maléfiques.

Croire avec prudence et recherche de la vérité est aussi chemin d'épanouissement personnel.

Le 30 novembre, 2024, au Vatican, le Pape laisse de côté son discours préparé pour déplorer qu'il y ait trop de femmes théologiennes. Ce qui m'interroge. Dans notre diocèse, comme partout ailleurs, l'évêque peut nommer des femmes ministres du baptême ou des funérailles. Il n'y a aucune objection canonique. Pourquoi ne le fait-il pas?

Nous avons toujours à nous faire. Qu'avons-nous à nous faire?

Nous sommes sur la terre pour nous faire enfants de Dieu, capable de communiquer notre amour et de nous faire amour et de nous faire artisans de paix.

Malgré toutes les recherches et les découvertes scientifiques, l'être humain c'est ce que nous connaissons le plus mal.

L'être humain est un état perdu dans un immense océan, entouré d'éléments sur lesquels il ne contrôle presque rien.

Je préfère le mot vieillir au mot vieillesse. Vieillir me dit que chaque âge est l'âge de bien vivre son vécu.

Vieillir n'est pas une maladie comme le chantait Félix Leclerc: " ce n'est pas parce que je suis un vieux pommier que je donne de vieilles pommes."

L'auteur Dante écrivait que le chemin de la vie s'effectue à travers des branches et des feuillages.

À l'approche de mes 90 ans, je relis l'histoire de ma vie, plutôt itinérante, j'apprends à mieux la contempler. De nature sociable, je vis avec une certaine forme de solitude et d'inquiétude, aimant les grands voyages, seul sur la route, avec un esprit d'aventure et qui n'a pas peur d'affronter l'inconnu. Le 24 mai 2023, ce fut ma descente aux enfers.

Avez-vous déjà frôlé la mort de près? Moi oui! On reste marqué. Nous les humains, nous vivons sans savoir qui nous sommes et totalement ignorant de ce qui nous compose.

Dans un texte sans date ni lieu, inachevé, j'apprends que "Je" est un vide, expression née sous la plume d'un auteur inconnu, me dit-on.

Nous sommes composés de 60 milliards de cellules, dont 14 milliards dans notre estomac. 500 000 millions de cellules sont détruites à chaque jour, et elles fonctionnent sans défaillance, se complétant les unes les autres et tout cela à notre insu. La science avec tous ses moyens, elle n'a créé aucun de ces éléments même le plus intime, dans chaque individue. Tout un ensemble nous constitue, sans que nous sachions comment.

Cette matière que nous sommes, elle est en réalité composée de vide. Si l'on rassemblait toutes les cellules de tous les vivants, on obtiendrait la taille d'un grain de riz. Nous sommes faits de vide et tout cela fonctionne admirablement. Quand une blessure se fait en nous, elle se cicatrise par elle-même. Et tout cela se fait en vertu de quoi?

Examinant la vie, nous voyons qu'elle est un flux continuel. La vie ne cesse pas de se renouveler, il n'y a pas en moi, à l'âge ou je suis, un atome qui est existé au moment où je suis né. Et pourtant, je demeure toujours le même. Comment? C'est une structure qui est en quelque sorte invisible et immatérielle.

Si on se renouvelle continuellement, comment se fait-il que nous vieillissions, me demandait une femme à qui j'expliquais ce phénomène?

Après réflexions, je lui ai dit que c'est à cause du temps. Le temps c'est la mesure du mouvement. Tout passe dans le temps, sauf Dieu, répétait une amie psychologue à ses clients.

Maladie et Santé

"Ce qu'est la maladie... un état de disharmonie. Nous devons traiter la personne et non le mal; traiter la cause, non les effets."
Dr. Edward Bach, M.D.

La maladie vient du fait que la personnalité -personne alitée- de l'être humain est en état conflictuel avec son âme, c'est-à-dire qu'il y a une situation à régler, une difficulté à surmonter, un aspect de soi à découvrir, un malaise dont on doit prendre conscience afin d'en déloger la cause.

Lorsque nous sommes en accord avec notre âme, nous vivons dans l'harmonie. Le Dr. Bach disait qu'au lieu de combattre la maladie et les effets négatifs, on devrait tenter de les imprégner d'énergie harmonieuse d'un ordre supérieur.

De plus, nous portons dans notre bagage génétique des mémoires ancestrales, en lien avec les grands-parents, les arrière-grands-parents, même si nous ne les avons pas connus. Sans en être conscients, nous répétons certaine de leurs patterns, sans savoir pourquoi. Les empreintes de l'ordre généalogique se transmettent d'une génération à l'autre. Leur vécu nous a laissé quelques séquelles en héritage. La vie de nos ancêtres peut influencer notre propre vie. Nos ancêtres nous ont aussi laissé des retombées positives, ils ont fait de leur mieux. Tout leur héritage pourrait-

expliquer quelques curieuses difficultés dans nos relations avec certains individus, alors qu'avec d'autres nous sommes en harmonie.

Le Karma

Le Karma est un concept ancien qui trouve ses origines dans la philosophie orientale, notamment l'hindouisme. Le Karma désigne la somme de nos actions qui est à l'origine de ce que nous vivons dans le moment présent. "La santé est notre héritage, notre droit, selon le docteur Edward Bach, M.D. C'est l'union absolue et parfaite entre l'âme, l'esprit et le corps; il ne s'agit pas d'un idéal éloigné et difficile à atteindre, mais d'un idéal simple et si naturel qu'il échappe à beaucoup d'entre nous."

Pour l'Organisation Mondiale de la Santé (OMS), la définition est simple: "La santé est un état de bien-être physique, mental et social complet et ne consiste pas seulement en une absence de maladie ou d'infirmité." Un esprit négatif fait obstacle au bien-être, ou au bien vivre d'une personne.

Je reviens au Karma. Le Karma signifie simplement que nos actions positives et négatives ont mené chacun d'entre nous, là où nous sommes aujourd'hui.

En conclusion, je vous laisse à vos propres réflexions.

Dieu, c'est la rencontre que l'on fait à l'intérieur de soi. La grâce suprême c'est de faire de cette rencontre, au moins, une fois dans votre vie.

"C'est fou, Dieu s'est fait homme pour que l'homme devienne Dieu"
(Lettre de Maurice Zundel à Thérèse Soulier, noël 1927)

Je me sens tout remué et que dire des idées qui trottent dans la tête de mes 90 ans. Je bavarde sans cesse avec moi-même. Je cherche des solutions pour moi et pour les autres. On dirait que toute la nuit mon esprit ne se repose pas, je cherche constamment la lumière sur le chemin de ma vie qui s'achève.

Parfois, Je m'ennuie avec moi-même Rosa canina, comme un chien piteux, abattu, j'ai capitulé depuis que je suis en foyer de soins. Depuis ma descente aux enfers en 2023, je ne me sens plus doué pour le bonheur, moi qui chérissais tellement la vie et la bonne compagnie. Je ne me plains pas, loin de là, j'ai simplement laissé tomber.

En institution, j'ai remarqué qu'il y a plusieurs personnes pires que moi. On se sent tous infantilisés, on doit tout attendre de l'autre, comme un bébé.

Je cherche la joie de vivre, sans être capable de la trouver. Je n'ai plus de motivation réelle. En fait je mène une vie monotone, personne avec qui converser, moi qui avais fait de la parole, mon moyen de subsister.

Reconnaissant cet état de fait, je me suis résigné, c'est mon

Karma. J'ai dû m'incliner et m'accommoder à vivre en foyer de santé, sans trop y avoir la santé. Je me contente de glisser dans la vie, sans lutter contre ce qui m'arrive... à quoi bon essayer!

Parce que j'ai abandonné, ma vie s'écoule tentement, avec l'impression de vivoter.

Je laisse se dérouler mon fil d'Ariane, il n'y a plus rien à faire, c'est comme ça vivre en institution. Tirée de la mythologie grecque, cette métaphore de fil d'Ariane désigne ce qui nous guide à trouver les difficultés pour nous procurer un mieux-être et nous redonner le goût de la vie.

Au fil du temps, je me suis perdu dans un sombre labyrinthe et monotone. Chaque jour est semblable au précédent comme le seront les jours suivants, en attendant l'ultime départ vers l'inconnu que je nomme le Très Haut. Par analogie dans le monde animal je peux représenter ce chat que personne ne veut adopter, ou dans le monde végétal, cette plante qui dépérit. J'aimerais pouvoir vivre ce que Scott Peck a écrit, dans "le chemin le moins fréquenté": *"L'amour le plus pur réside là où on l'attend le moins: dans le détachement."* J'y arrive parfois. Je fais le point sur ce qui gruge mes énergies et sur ce qui est à changer afin de retrouver mon entrain. Je prends le temps de me changer d'idées et de m'amuser afin de refaire le plein.

Le cœur n'est pas au centre, il est à gauche, c'est pour cela que je ne cherche pas toujours avoir raison.

À 90 ans, je ne pense pas être parfait, mais il y a en moi des choses excellentes. À mon âge le futur se rétrécit, le passé se rallonge.

Notre monde occidental, il ne considère que le visible, le palpable, en oubliant l'invisible, le spirituel qui est à la base de la vie de tout être vivant.

Il n'y a qu'un seul être vide de soi; totalement dépouillé et don total: Dieu.

Dieu est un être supérieur à l'homme (femme), et dont les attributs dans l'univers sont variables selon les religions.

Religion de groupe

Il y a un danger dans la religion centrée sur le groupe. Il y a l'absence d'une rencontre personnelle et une découverte personnelle.

La religion est d'abord une affaire de groupe, comme toutes les choses humaines, la famille, le clan, la tribu, par la race, mais toujours par le groupe.

Il se peut que cette religion de groupe devienne un obstacle à la religion: Le groupe a tendance à retenir ses membres et a leur imposer des frontières.

Dans mon jeune âge, dans mon village, la religion exercée était celle d'un groupe, la paroisse.

Une femme, qui mettait au monde un enfant hors mariage, était exclue du groupe.

Un homme et une femme qui vivaient leur vie conjugale, hors du mariage à l'Église, étaient excluent de la communion ecclésiale.

La religion de groupe doit être capable de conduire ses fidèles à une religion personnelle.

Nécessité d'une religion personnelle

Rien n'est plus désespérant que cette religion ou l'individu n'est qu'un numéro. Je pense au joueur de hockey. Il n'est qu'un numéro qu'on peut mettre ici à Montréal, là à Chicago, etc...

Dans le groupe on est obligé de faire les mêmes choses.

Il ne faut pas oublier qu'il y a dans la religion une affaire personnelle, qui s'adresse au secret intime de la personne. Le plus bel exemple c'est Jésus avec la Samaritaine. "Que tous soient un en nous, comme vous et moi nous sommes un". "Il n'y a plus ni juif, ni grec, écrit saint Paul aux Galates, ni esclaves, ni libre citoyen, ni homme, ni femme; en effet vous êtes dans le Christ Jésus." Être capable de passer des moments, seul à seul avec Jésus.

Pour moi, Dieu, c'est la rencontre que l'on fait à l'intérieur de soi.

"Dieu, dit Louis Massignon*, Dieu n'est pas une invention c'est une découverte".* Le Christ, au puits de Jacob, en révéla un jour le secret à la Samaritaine qui venait chercher de l'eau. Elle ignorait la soif de son cœur, et vivait dans le désordre, dans l'inconscience du vrai Dieu. Elle pensait que Dieu ne résidait que dans les temples ou les sacrifices étaient offerts. Jésus lui apprend que la rencontre avec Dieu ne pouvait se faire qu'au-dedans. Dieu est une rencontre que chacun doit faire en dedans de soi.

"Femme, dit Jésus, l'heure vient ou ce n'est pas sur cette montagne, ni à Jérusalem que vous adorerez le Père, l'heure vient et c'est maintenant, ou les vrais adorateurs adoreront le Père en esprit et en vérité." Dieu c'est la vie de la vie.

En effet rien ne risque plus de détourner les âmes de Dieu qu'un enseignement qui est devenu un discours au lieu d'être une vie.

Quand on entend certains langages au sujet de Dieu, ce langage est tellement discrédité qu'on abime Dieu et auprès de certains esprits on fait obstacle à la croyance de Dieu. Il arrive parfois que des prédicateurs projettent sur Dieu leur propre visage.

"Ce que j'ai écrit me semble être de la paille", avouait Saint Thomas d'Aquin, laissant inachevée la somme théologique, pour se mettre sur la voie d'amour en la méditation du cantique, un chant d'action de grâces. C'est pourquoi tout discours sur Dieu doit naître du silence et y demeurer dis le Psalmiste: *"Votre louange Seigneur, c'est le silence."* Par manque de silence, notre moi nous accable et nous avons besoin d'être guéris de nous-même. Même les saints, ils demeurent jusqu'à un certain point encombré d'eux-mêmes.

Retour au Canada

Pour cause de problème d'intestins, en 1967, on m'oblige à revenir dans mon pays. Je suis traité à l'hôpital de Dalhousie ou demeure oncle Aldin et quelques membres de ma grande famille.

Ensuite, je m'installe à Trois-Rivières, à la maison des Voluntas Dei, un institut séculier. J'en suis devenue membre.

La manière dont on exerçait le ministère pastoral fut un choc pour moi. Les prêtres avaient l'autorité absolue sur les consciences des paroissiens, surtout au confessionnal. La manière d'entendre la confession fut un désastre pour ceux et celles qui se confessaient. Il n'était jamais question de la grâce, tout était centré sur le péché, sans savoir ce qu'il était. L'être humain, c'est ce qu'on connaît le plus mal. Pour l'Église de ce temps-là, la sexualité, la moindre sensation nous coupait de Dieu.

Le crime, c'était la masturbation qui culpabilisait les croyants. La culpabilité c'est le mal de l'action. Le deuil c'est le mal de l'absence. La moindre faute sexuelle nous coupait de Dieu et cette absence nous coupait de la présence de Dieu, nous plongeait dans le deuil.

"Le sentiment qu'on devrait donner aux jeunes, c'est ce sentiment que le sexe est une consécration, parce qu'il y a dans le sexe ce pouvoir de donner la vie.

46

C'est une chose admirable que d'être marqué du sceau de l'enfant et de pouvoir considérer le corps comme le sanctuaire de la vie, comme le berceau d'une vie. Comment ces organes sexuels pourraient être mauvaises qui sont la source de la vie, appelée à devenir vie éternelle" (Maurice Zundel)

D'où vient qu'on n'a pas compris ces choses qui sont pourtant si simples, si claires et si lumineuses? Je vous laisse la réponse.

Quand comprendrons-nous que nous sommes appelés à la grandeur? Quand comprendrons-nous que Dieu est une présence brûlante au fond de nous-même? Quand comprendrons-nous que Dieu est la présence la plus actuelle, une présence hors de laquelle on ne peut rencontrer personne?

Dieu c'est une présence que l'on fait à l'intérieur de nous-même. Il ne faut pas donner aux autres l'image de Dieu que nous avons. Laissez les autres faire la découverte de Dieu, suivant la lumière qui les habite.

Le Dieu que Jésus offre à notre méditation c'est celui des Béatitudes et du lavement des pieds. Là où sont la charité et l'amour, c'est là que Dieu est. (Pape Jean XXIII)

Et j'avoue mon scandale d'avoir vu, si souvent, l'injustice se couvrir du manteau de la charité. Je pense à cette religieuse contemplative qui me disait: C'est souvent dans les collèges religieux que les jeunes perdent la foi, et dans les communautés religieuses, on nous écrase de travail et parfois on exploite les pauvres, sous le manteau de la charité.

Dans l'Église, nous avons tous un sérieux examen de conscience à faire, moi le premier. En mangeant notre pain, pensons à ceux qui n'en n'ont pas. Ils sont nombreux dans notre monde.

Je me suis même demandé qu'elle est l'utilité que je demeure prêtre dans cette Église, laquelle j'aimais pourtant. C'est grâce à l'Église que j'ai pu faire de nombreuses années d'études universitaires.

En Acadie, les écoles, les collèges, les universités sont nées de l'Église. Si vous enlevez tout ce que l'Église nous a donné, il ne restera plus grand chose au Nouveau-Brunswick, comme au Québec. Il en est ainsi dans plusieurs pays. L'Église est formée d'humains. Nous les humains, nous sommes forts et faibles, bons et méchants, généreux et égoïstes. Parfois la haine l'emporte sur l'amour.

Pour voir plus clair, je me suis mis à lire la bible de la 1re page à la dernière avec esprit ouvert.

Le visage de Dieu de l'Ancien Testament est bien différent du Nouveau Testament. (Genèse 2 et 3)

J'ai essayé de regarder Dieu à travers l'œil de Jésus, Fils de Dieu. Je ne comprends pas encore l'expression: "Fils de Dieu".

De quelle façon Dieu a pu mettre au monde un enfant, Jésus?

Dieu se rend présent au monde, en Jésus, appelé Fils de Dieu. Ça reste un grand mystère pour moi.

Dans l'Évangile, le Dieu que Jésus nous présente, c'est un Dieu dépouillé, immatériel, il ne peut rien perdre car il ne possède rien d'autre que l'Amour.

Tout ce qui n'est pas amour, n'est pas Dieu. Dieu ne peut qu'entretenir des rapports d'amour avec sa création, avec nous, comme nous avec Lui.

Pour moi, on peut facilement changer le mot Dieu par le mot création(créateur).

Dans Jean 4, 14, le dialogue de Jésus avec la Samaritaine, on peut comprendre, que Dieu en nous, il est source d'amour éternel. Un amour qui se prolonge hors du temporel.

Le temporel, c'est-à-dire le temps, c'est la mesure du mouvement. C'est dans le temps qu'on vieilli. Hors du temps, il n'y a pas de vieillesse.

Dans un verset magnifique, Saint-Augustin témoigne de son

expérience d'avoir passé du dehors au dedans de lui.

"Tard je t'ai aimée, Beauté si antique et si nouvelle, tu étais dedans et moi j'étais dehors, je n'étais pas avec toi."

Dieu s'exprime dans un homme nommé Jésus, pour que nous devenions comme Lui, Dieu, don total, dépouillé de notre égoïsme, capable d'entretenir des rapports d'amour.

En ce temps-là, il y avait peut-être une vingtaine d'hommes qui portaient le nom Jésus.

Devenir comme Dieu, c'est sans doute, ce que ressentit Paul Claudel le jour de Noël 1886. Triste, seul, pour taire son ennui, Claudel entra à la Basilique Notre-Dame de Paris. Des jeunes chantaient les antiennes des secondes vêpres. Claudel découvrit "l'éternelle enfance et l'innocence déchirantes de Dieu".

Dans son discours d'installation le Président John F. Kennedy disait: *"L'œuvre de Dieu passe par nos mains".*

En juillet 1963, j'arrive à Boston pour un stage d'études "culture espagnole" en vue de me préparer pour ma mission en Amérique du Sud.

Le 9 août 1963, j'assiste aux funérailles du fils de John F. Kennedy, Président des États-Unis, né prématurément. Un évènement qui nous marque. Une aventure pleine d'émotions pour le jeune homme de 28 ans que j'étais. Les funérailles ont eu lieu dans la chapelle privée du Cardinal Cushing, Archevêque de Boston.

La question primordiale quand il est question de Dieu, est celle-ci: de quel Dieu s'agit-il?

Qu'est-ce que vous entendez par le mot Dieu ou créateur de l'univers?

Il est facile de constater même chez les Catholiques croyants et pratiquants, le Dieu de la Révélation est mal connu, donc, pas aimé.

Pour aimer, il faut connaître (co-naître)

Comment se fait-il qu'après 2000 ans, les chrétiens et les chrétiennes n'ont pas encore pu établir la paix universelle et la fraternité dans notre monde?

Si Dieu est Dieu et qu'il en a le pouvoir, Créateur de l'Univers, comment expliquer qu'il n'a pas pu établir la paix et la fraternité dans sa création? Ça m'interroge!

D'où vient le mal la violence chez tant de peuples et d'individus, qui causent autant de larmes et de sang?

Est-ce le refus d'aimer? On ne peut pas aimer si on ne connaît pas. Il faut "co-naître" pour aimer. La clé pour aimer, c'est la connaissance.

Le Dieu, révélé en Jésus-Christ, c'est un Dieu intérieur à nous-même. Si on ne passe pas du dehors au dedans de nous, impossible d'entrer en contact avec Dieu. Nous sommes tous les temples de l'Esprit Saint. Dieu c'est une présence d'Amour. Comme le soleil est une présence de chaleur et de lumière, Dieu est une présence d'amour.

Dieu, c'est une rencontre que l'on fait à l'intérieur de soi, non dans les nuages.

Je parle de Dieu, selon la foi que j'en ai, avec les images de Dieu qui ont jalonnées ma vie de croyant et par moment, je dirais d'incroyant. Le doute me caractérise toujours, un doute créateur.

Le 24 mai 2023, frappé par le zona (bardeau), je suis demeuré handicapé des jambes. Seul, dans ma chambre, des heures, des jours et des mois à réfléchir. J'en suis arrivé à écrire 2 livres: "Naître pour mourir" et "Le besoin d'être aimé et de comprendre" qui fut mon 13e livres en circulation, publié le 15 août 2024. Ils m'ont laissé avec plus de questions que de réponses.

Il y a le monde, là où vivent les vivants, la terre, les plantes, les animaux. C'est le système solaire; qui tourne autour du soleil. Le soleil aurait trois milliards d'années. Tout passe dans le temps sauf Dieu.

Dieu créa le monde, en 7 jours, le 7e jour il se reposa, selon les Saintes Écritures. La création, œuvre d'un créateur hors du temps, intemporel, immatériel, il est sans fin.

La lumière, à une vitesse d'environ 3 millions de kilomètres à la seconde, prendra des milliards d'années pour la traverser, s'il y a une possibilité; il y a probablement aucune fin. La création hors du temps, elle dépasse l'imagination même l'intelligence artificielle dont on parle de nos jours.

Le système solaire, tout ce qui tourne autour du soleil, dans le temps, la durée, il est né d'un Big Bang, dit-on, comme toutes les autres planètes.

Chaque naissance d'une planète suit le déroulement naturel, comme je suis né du Big Bang de mon père et de ma mère.

Nous n'avons pas choisi de naître, ni votre sexe, ni votre langue, ni vos parents, ni nos maladies, ni de vieillir, et rarement votre mort. Tout ce qui nous a été imposé, les chagrins, les deuils, les abandons s'installent dans notre esprit (cerveau) et peut devenir une bête féroce qui gouverne notre destinée. L'inconscient nous pousse à agir sous l'impulsion, nous fait prononcer des paroles inappropriées ou poser des gestes disgracieux.

L'inconscient, c'est comme une vie souterraine à la nôtre et qui marche à contre-courant de notre désir d'avancer.

J'en suis arrivé à croire que les mauvaises décisions, les mauvais partenaires ou collaborateurs, les mauvais achats se font sous la poussée de cette bête féroce en nous, l'inconscient.

L'inconscient peut même mimer des maladies que nous attrapons pour satisfaire l'inconscient qui devient notre maître.

Prendre conscience de notre inconscient est primordial pour vivre raisonnablement avec une certaine maîtrise de soi. Faire confiance à la Source Divine, ça me rassure et me permet d'utiliser mes facultés extrasensorielles, sans peur, sans crainte, dans l'amour et en toute quiétude. Je dirais qu'il faut tout faire avec soin, avec calme, avec joie et par amour.

Je reste à l'écoute des messages que reçois et je constate qu'aucun danger ne peut m'atteindre dans mon âme, mais surement dans mon corps de chair, appelé à la décomposition, et à pourrir.

"Entre les rivages des océans et les plus hauts sommets, une route sacrée est tracée.

Seuls les hommes et les femmes justes finissent par la découvrir."

(Kahlil Gibran)

La foi vaincra toujours nos craintes

Je cesse d'alimenter et d'entretenir mes craintes. Je me centre sur le pied de l'arbre que je suis, afin de rester ancré à la terre, malgré la fragilité depuis le 24 mai 2023, le jour où j'ai attrapé le zona (bardeau) maladie infectieuse caractérisée par des douleurs vives sur le trajet des nerfs.

Je prends le temps de me détendre en respirant profondément. Je sais que l'amour divin est en moi et m'accompagne chaque instant de ma vie.

Je me visualise enfant et je le laisse venir à moi. Je lui dis que je suis heureux qu'il soit là. J'aide mon enfant intérieur à libérer les peurs imaginaires et à les remplacer par la vertu de l'apaisement.

Branché à ma petite voix intérieure, je me laisse guider, devenant ainsi mon propre parent bienveillant, et je réconforte cette partie en moi, blessée depuis mon enfance.

Connecté à l'énergie spirituelle, j'apprends à reconnaître les frayeurs logées dans mon inconscient.

L'inconscient, selon Maurice Zundel, c'est tout ce qui nous a été imposé, sans notre consentement et qui demeure présent dans notre esprit.

Je conserve la capacité de regarder l'avenir avec confiance. Le meilleur est à venir me répétait un ami. J'ai la certitude que l'amour divin me guide depuis 90 ans.

Nous sommes tous porteurs d'une source de vie ou nous pouvons puiser pour nous purifier et nous transformer.

"Le meilleur est à venir."

Table des matières

Printed by Books on Demand GmbH, Norderstedt / Germany